AF341075

INTRODUCTION

DE

L'ART DANS L'INDUSTRIE

ÉTOFFES DE VERSAILLES

POUR AMEUBLEMENTS, ETC.

SYSTÈME DE M. DESPRÉAUX

Ingénieur civil

BREVETÉ EN FRANCE (s. g. d g.),

EN ANGLETERRE, RUSSIE, AUTRICHE, ESPAGNE, ITALIE, SUÈDE, BELGIQUE,

HOLLANDE, ÉTATS-UNIS D'AMÉRIQUE, ETC.

MÉDAILLES

De la Société d'Encouragement de France, 1845;
de la Société d'Encouragement d'Amsterdam (Hollande), 1853;
de l'Académie des Arts et Métiers de Paris, 1857;
de l'Exposition universelle de Londres, 1862.

MANUFACTURE

AU GRAND-MONTREUIL, 1, RUE D'ARTOIS

A VERSAILLES.

INTRODUCTION

DE

L'ART DANS L'INDUSTRIE

ÉTOFFES DE VERSAILLES

POUR AMEUBLEMENTS, ETC.

RAPPORT DE M. ALBERT LENOIR

Secrétaire perpétuel de l'École des Beaux-Arts

OPINION DES JOURNAUX

VERSAILLES. — IMPRIMERIE CERF, RUE DU PLESSIS, 59.

INTRODUCTION

DE

L'ART DANS L'INDUSTRIE

ÉTOFFES DE VERSAILLES

POUR AMEUBLEMENTS, ETC.

SYSTÈME DE M. DESPRÉAUX

Ingénieur civil

BREVETÉ EN FRANCE (s. g. d. g.),
EN ANGLETERRE, RUSSIE, AUTRICHE, ESPAGNE, ITALIE, SUÈDE, BELGIQUE,
HOLLANDE, ÉTATS-UNIS D'AMÉRIQUE, ETC.

MÉDAILLES

De la Société d'Encouragement de France, 1845;
de la Société d'Encouragement d'Amsterdam (Hollande), 1853;
de l'Académie des Arts et Métiers de Paris, 1857;
de l'Exposition universelle de Londres, 1862.

MANUFACTURE

AU GRAND-MONTREUIL, 1, RUE D'ARTOIS

A VERSAILLES.

La fabrication de M. Despréaux a été l'objet de la sollicitude particulière du Gouvernement, qui lui a accordé un prêt de 200,000 fr. en compte courant sur le trésor.

MÉMOIRE

ADRESSÉ

Par M. ALBERT LENOIR

A Son Excellence le Ministre du Commerce, de l'Agriculture et des Travaux publics

SUR LES PRODUITS DE M. A. DESPRÉAUX

Le jury international de l'Exposition de 1855 s'exprime ainsi au sujet de l'influence qu'exerce l'art sur la prospérité de la France dans la seule industrie des étoffes : « Sous le rapport du goût, de la couleur, du dessin, du sentiment, de la forme, dit-il, la France a la primauté, et c'est d'elle que vient l'initiative : elle seule invente, et les autres peuples se bornent à l'imiter et souvent à la copier. » Le même jury reconnaît « que les peuples voisins atteignent presque la France dans les perfectionnements techniques, et que la différence, en faveur de celle-ci, gît tout entière dans l'ensemble des qualités artistiques. » (N° 1, *Rapport du jury international*, t. II, p. 379, 1ʳᵉ col.)

Après avoir constaté ce fait, on en voit un autre résulter des travaux du même jury et des chiffres qu'il fait connaître : c'est que dans l'industrie des étoffes réside une des sources les plus abondantes de la richesse nationale ; les totaux sont immenses. Plus loin on dit que partout où cette industrie prospère, elle amène la richesse par son action simultanée sur le tissage et la filature, sur la fabrication des produits chimiques applicables à la teinture, au lessivage, etc. (1).

Si donc la France, se voyant presque égalée aujourd'hui par les perfectionnements techniques de la fabrication des étoffes chez les peuples voisins, ne soutenait, ne ravivait même l'imagination de ses artistes, qui pourrait dire combien de temps encore elle soutiendrait sa primauté sur les marchés de l'Europe, et ce qui en résulterait pour notre richesse nationale? Tous les efforts d'une administration sage doivent donc tendre à soutenir les hommes de progrès qui ouvrent de nouvelles voies à l'introduction de l'art dans nos produits industriels, car l'association combinée de ces deux forces est un bienfait pour le pays.

Telles sont les bases incontestables, sur lesquelles nous nous appuyons pour présenter une branche toute nouvelle de cette brillante et féconde association, branche expérimentée depuis de longues années, ne se montrant pas conséquemment comme une utopie, mais offrant des productions de tous les genres, soumises depuis longtemps aux expériences contradictoires de la science, et sorties victorieusement de ces luttes utiles par les rapports les plus favorables dus aux hommes les plus compétents.

Un horizon plus vaste va s'ouvrir pour nos ouvriers en tissage, pour nos fabriques de produits chimiques, pour

____

1) *Rapport du jury international*, t. I, p. 563, 1re colonne.

nos dessinateurs habiles qui, par leur goût épuré, maintiennent la France industrielle au-dessus de toutes les nations du monde.

L'innovation que nous indiquons ici est due à M. Despréaux, ingénieur civil, qui, unissant l'invention du mécanicien à l'art du graveur, ainsi qu'à des connaissances chimiques, a fait sortir de ces trois moyens d'action :

1° Des machines à mouvement continu et rapide;

2° Un système de gravure des plus précis pour la reproduction des formes, des plus économiques et des plus expéditifs pour l'exécution des gravures;

3° Une combinaison des matières colorantes assez solide pour résister à tous les agents destructeurs.

Les résultats obtenus par M. Despréaux sont :

1° La reproduction, sur les cuirs et maroquins, des plus riches tentures vénitiennes, sculptées et dorées, qui se fabriquaient au xvie siècle;

2° L'application des dessins les plus délicats sur les velours de coton unis, ce qui les rend aptes à entrer dans les riches ameublements, la carrosserie, etc.;

3° La confection de tapis de pied, de tapis de table, de tentures d'appartement, d'articles de vêtements en laine;

4° Sur tissus légers, dessins de robes de femmes dans tous les genres, rideaux, transparents, etc.;

5° L'imitation sur toutes les étoffes de soie des plus beaux effets du broché, par des procédés *cent fois plus rapides* que le métier à la Jacquard;

6° La reproduction sur les étoffes lamées d'or et d'argent des ornements d'église les plus riches, des tentures les plus brillantes.

Ces produits présentent dans les prix de revient des réductions considérables.

Machines.

Les machines de M. Despréaux sont simples et ingénieuses dans leur conception : d'un mouvement facile, car un seul homme suffit pour faire marcher l'une d'elles, des ouvriers, parfaitement mis au fait en peu de jours, y sont chargés de la direction et de l'application des couleurs.

Gravures.

Le système de gravure imaginé par le même inventeur est le seul qui puisse convenir à la reproduction des étoffes précieuses. Il résulte de son procédé :

1° Une netteté parfaite des dessins ;

2° Une durée incalculable des gravures ;

3° Toute la fraîcheur primitive conservée aux parties de l'étoffe non atteintes par les dessins. M Pelouze, membre de l'Académie des sciences, directeur de la Monnaie, s'exprime ainsi à cet égard dans son rapport du 27 décembre 1839 : « Tout le monde est unanime pour admirer la finesse et la beauté des dessins. Le procédé de gravure qu'a imaginé M. Despréaux est extrêmement ingénieux et de beaucoup supérieur, sous le point de vue économique à tout ce qui a été imaginé jusqu'ici, au moins à ma connaissance. »

Les cylindres gravés dont on se sert aujourd'hui pour orner les étoffes sont d'un prix très-élevé, ont besoin d'être retouchés, et le peu de profondeur donné à la gravure permet quelquefois au rouleau d'en atteindre le fond.

Couleurs.

L'application des couleurs sur les tissus n'est pas toujours durable; le premier lessivage qu'ils doivent subir détruit en partie la fraîcheur du coloris en même temps que celle de l'étoffe. Ce fut pour obvier à ces inconvénients que M. Despréaux chercha d'abord un procédé de gravure qui évita le premier lessivage; puis, au moyen de mordants, il donna toute garantie de durée aux couleurs contre l'action de l'air.

M. Bussy, membre de l'Institut, chimiste, directeur de l'École de pharmacie de Paris, rapporteur de la Société d'encouragement pour l'industrie nationale, présidée par M. Dumas, ancien ministre du commerce, s'exprime ainsi à cet égard : « Enfin, M. Despréaux a imaginé des couleurs également spéciales à son genre de travail : les unes sont compactes, épaisses, adhérentes, et concourent, par ces qualités, à rendre durables les effets produits sur l'étoffe ; d'autres sont transparentes, et communiquent cette propriété aux parties du tissu sur lesquelles on les applique, de telle manière que, lorsque l'étoffe est interposée entre l'œil et la lumière, comme cela arrive pour les rideaux ou les stores de nos croisées, le dessin est rendu transparent sur le fond, qui reste opaque. »

Les dessins gravés ordinairement sur les cylindres ne peuvent recevoir de grandes dimensions, en raison du diamètre forcément restreint de ces cylindres, et, conséquemment, de leur surface externe; on doit donc, pour éviter la répétition immédiate de chaque motif d'ornement, faire celui-ci assez petit pour pouvoir l'accompagner d'autres dessins délicats. Au contraire, le système de gravure de M. Despréaux permet d'obtenir sur les étoffes la reproduction de dessins aussi grands qu'on le désire, parce que : 1º les dimensions de ses gravures ne sont pas limitées, et qu'en conséquence, on peut y dessiner dans toutes les mesures les principaux motifs d'une décoration ; 2º que, pour éviter la reproduction trop fréquente de ces ornements principaux, on peut, avant de les faire reparaître, intercaler un, deux ou tout autre nombre de gravures contenant une ornementation intermédiaire, et proportionner ainsi l'aspect général aux besoins de la localité à décorer.

On comprend alors que l'ameublement des grands et riches appartements peut être abordé par un système qui, à de tels avantages concernant les dimensions du dessin, unit ceux de pouvoir opérer sur les étoffes les plus belles, soieries, velours, tissus de laine, tapis, gazes lamées d'or et d'argent, etc. De grands sujets, reproduits sur ces brillantes étoffes, peuvent lutter, quant à présent, avec les plus riches productions du broché, les lampas, les brocatelles, etc., et s'appliquer aux ornements d'église. Dans l'avenir, avec l'appui efficace du Gouvernement, rien ne s'opposera à ce qu'on présente sur les étoffes tout ce que la peinture peut offrir de merveilleux, ce que le cylindre étroit ne saurait effectuer. Ce fut précisément cette faculté de reproduire les plus beaux et les plus larges motifs de décor sur les étoffes riches et brillantes, jointe à l'art épuré qui peut s'y introduire, qui fit le succès de M. Despréaux auprès des architectes du Louvre, MM. Percier et Fontaine, Visconti et Duban, membres de l'Institut, parce que ces artistes, appelés à étudier l'ornementation de nos palais, avaient en vain cherché depuis longtemps des produits industriels réalisant leur pensée; on les leur présentait, ils durent approuver par leur signature les rapports favorables à cette innovation désirée.

Enfin, cette industrie a été mise en œuvre par d'autres architectes que ceux dont les noms précèdent, pour réaliser les décorations conçues par eux. M. Thumeloup, professeur à l'École centrale, a décoré par ces procédés, en 1846, les palais des comtes Archinto et Confalonieri, de Milan; d'autres artistes en ont fait usage avec non moins de succès dans les décorations de maisons particulières. Les mêmes architectes ont employé aussi, dans la réalisation de leurs projets, les premiers produits de l'art et de l'industrie de M. Despréaux, des cuirs repoussés à la façon de ceux qui se fabriquaient à Venise au xvie siècle, et qu'il fit revivre, il y a vingt années, lorsqu'il préparait les moyens d'arriver au but plus important qu'il désirait atteindre, celui d'ouvrir une voie plus large à l'introduction de l'art dans les étoffes.

Sans nuire aux industries ses devancières, celle de M. Despréaux est en progrès, puisqu'elle présente :

1° Des moyens plus larges d'exécuter la pensée de l'artiste, pensée qu'on s'accorde à considérer comme l'élément principal de la primauté que conserve la France dans le monde industriel.

2° Elle est dans le mouvement des idées actuelles, puisque, par l'abaissement du prix de ses produits, elle réalise, dans sa sphère, l'aspiration des masses vers le bien-être à bon marché.

3° Elle entre dans les vues d'une sage administration.

puisque, dans les moments de chômage des commandes commerciales, elle peut donner à l'ouvrier tisseur des travaux à exécuter chez lui, sans frais considérables d'instruments et de métiers, fabricant ainsi, dans les campagnes, des étoffes unies qui pourraient attendre les commandes et l'application de dessins nouveaux.

4° En multipliant les travaux du dessinateur, elle donne à l'art français de nouveaux moyens de se produire avec le bon goût qui nous tient au premier rang. Elle aide ainsi à l'existence de nombreux artistes.

5° Enfin, en mettant à la portée de tous, les produits qui ne sont encore abordables qu'aux classes aisées, elle augmente, d'une façon qui ne peut être prévue, l'une des branches les plus importantes de la richesse nationale.

Albert LENOIR,

Architecte du Musée de Cluny, membre du Comité de la langue,
de l'histoire et des arts de la France à l'Instruction publique,
professeur à l'École des Beaux-Arts, secrétaire perpétuel de
l'École des Beaux-Arts, etc.

Un dessin Oiseaux Renaissance, argent fond bleu, choisi par une Commission des Beaux-Arts, qui a servi à décorer le salon de S. M l'Impératrice, a valu à l'auteur une première médaille à l'Exposition dernière.

OPINION DES JOURNAUX

LE SIÈCLE

12 avril 1853.

..... Pour terminer ce rapide et incomplet exposé de l'histoire de la soie, il nous reste à parler d'une découverte appelée à produire dans la fabrication, des résultats semblables, si elle ne les dépasse, à ceux *du métier à la Jacquard*. Bien qu'elle date de plusieurs années, elle n'est encore connue que d'un petit nombre d'artistes et de savants. Si on l'eût appliquée sur une large échelle, peut-être aurait-elle donné à l'industrie lyonnaise une immense impulsion; mais, jusqu'à ce jour, la routine et les préjugés s'y sont opposés, et de plus, elle a le malheur d'être une invention française.

M. Despréaux a voulu introduire l'art dans les étoffes, non pas cet art de convention qui n'exerce aucune influence sur le goût général, mais l'art véritable uni à l'industrie.

Cette invention consiste à remplacer, dans la plupart des cas, le système Jacquard par une machine qui transforme les étoffes et les tissus en imitation de brochés. Les effets de couleur sont admirables, car, n'étant arrêté par aucun obstacle de fabrication, M. Despréaux peut reproduire tous

les dessins avec une pureté de lignes et une élégance qu'on
n'avait pu obtenir jusqu'alors. Un autre mérite d'une im-
portance extrême, c'est qu'il a trouvé aussi le moyen de so-
lidifier ses couleurs et de les empêcher de pâlir ou de s'ef-
facer au contact de l'air. Nous avons vu des tissus sur les-
quels se trouvaient des fleurs, des arabesques, et, quoiqu'ils
fussent exécutés depuis plus de dix ans, ils avaient une
grâce et une fraîcheur qui auraient pu faire croire qu'ils
sortaient de la main de l'ouvrier.

On comprendra mieux encore ce que nous venons de
dire, en lisant les lignes suivantes, extraites d'un rapport de
M. Albert Lenoir, membre du comité des Arts et digne fils
d'un homme aimé :

Le célèbre Jacquard, simple ouvrier de Lyon, inventa au
commencement de ce siècle un métier au moyen duquel on
obtient sur les soieries une certaine variété de dessins brochés qui ne pouvaient s'exécuter avant lui. Le résultat de
cette invention fut de relever l'industrie lyonnaise et de
faire gagner un milliard à la France. Malheureusement
cette machine marche avec une lenteur extrême; un ouvrier habile ne peut fabriquer qu'un mètre d'étoffe environ
par jour, et il lui faut une semaine entière pour se préparer
à reproduire le dessin qui doit figurer sur le tissu. Il résulte de ces graves inconvénients que le tisseur gagne fort
peu dans un jour, et qu'il faut des mois, quelquefois des
années, pour faire la livraison d'une commande importante.
Là est le secret de la misère des ouvriers de Lyon.

Si, à ce métier à la Jacquard, si lent dans sa marche, on
substitue une machine qui rende tous les ouvriers tisseurs
aptes à fabriquer, qui mette les villes de Lyon, d'Amiens,

de Tours, de Roubaix, en mesure d'écouler leurs étoffes
unies, dont la fabrication est rapide; si ce métier convertit
à peu de frais, et presque avec la rapidité de la pensée,
toutes sortes de tissus unis en étoffes splendides, chargées
de dessins présentant les couleurs les plus vives et les plus
durables; si enfin, il peut reproduire toutes les formes
qu'inventera le caprice des artistes, nous ne pensons pas
qu'on puisse hésiter un instant à donner la préférence au
second procédé, surtout quand on sait que le premier est
déjà mis en œuvre par les nations voisines, qui entrent en
concurrence avec la ville de Lyon.

Si à tous ces avantages on ajoute que la même machine
qui convertit les soieries et les satins unis en damas, en brocatelles, en lampas, peut reproduire les mêmes dessins sur
le velours, les cuirs et maroquins, sur les étoffes de laine
et de coton, les draps, les feutres, les mousselines, etc., on
juge de suite que, depuis les riches tentures et les ameublements de palais, jusqu'aux vêtements d'hommes et de femmes, ornements d'église, etc., toute application qui peut admettre des ornements sur une étoffe quelconque, entrera
dans le domaine de l'industrie.

M. Despréaux a consacré vingt années de sa vie, la fortune qu'il possédait et toute son intelligence à cette entreprise. Dessin, gravure, chimie, impression, combinaison
des couleurs, il a tout appris, car il voulait fermement tout
savoir. Il lui a fallu une persévérance inébranlable et digne
du but qu'il avait assigné à sa vie. Injustice, indifférence,
perte de sa fortune, rien n'a pu l'arrêter; semblable à Ber-
nard de Palissy, il eût brûlé jusqu'à son lit pour réaliser
l'introduction de l'art dans les étoffes.

On a dit que depuis longtemps les nobles caractères et les grands artistes étaient rares en France ; nous croyons qu'ils sont tout simplement ignorés.

Si, depuis vingt ans, tous les gouvernements qui se sont succédé dans notre pays, avaient compris quel puissant levier il y a pour l'industrie de la soie dans l'invention de M. Despréaux, il y aurait déjà plusieurs années que les femmes des travailleurs porteraient d'élégantes robes de soie ; il y a déjà longtemps que ce terrible fléau nommé chômage, qui fait chaque jour autant de victimes qu'une épidémie, aurait diminué pour la fabrique lyonnaise. Nous le disons sans amertume, mais avec tristesse : le préjugé, qui fit de Jacquard presque un martyr, subsiste encore contre l'invention de M. Despréaux ; et, si l'action gouvernementale n'en proclame hautement la valeur, il sera condamné à ce supplice trop souvent infligé aux hommes de génie, celui d'être méconnu. Ce sera un nom de plus à ajouter au martyrologe des inventeurs. Quand donc la France comprendra-t-elle ceux qui l'honorent et qui l'aiment ?

Disons cependant, pour être vrai, que des savants et des artistes éminents ont prouvé à M. Despréaux qu'ils tenaient compte de ses efforts, et qu'ils savaient les apprécier. MM. Dumas, ministre du commerce ; Pelouze, de l'Académie des Sciences ; Bussy, chimiste, directeur d'une école du Gouvernement, et Masson, ont publié un rapport dans lequel ils donnent une approbation motivée et complète à *l'introduction de l'art dans les étoffes*. Si les savants ont rempli leur devoir, les artistes ont fait aussi le leur, car MM. Alex. Lenoir père, Alb. Lenoir fils, Fontaine et Percier, de l'Institut, Duban, Visconti et Dubreuil, architectes, se sont empressés d'ajouter leurs noms à ceux que nous venons de citer. La Société d'encouragement pour l'industrie nationale a aussi, sur le rapport de M Bussy, décerné en 1845 à M. Despréaux une médaille de premier ordre, etc.; mais nous n'avons trouvé son nom dans aucun.des comptes rendus de nos expositions ni dans ceux de l'exposition universelle de Londres.

Nous insistons sur cette découverte, parce qu'indépendamment de la question de fabrication, elle résout ce problème de l'union de l'art et de l'industrie. Cette dernière, ne se traduisant que par des formes vulgaires ou de pure fantaisie, ne peut exercer aucune action salutaire sur l'intelligence. Qu'un travailleur ait un modeste mobilier de chêne ou d'acajou, si le dessin de ses meubles est composé avec art, ils réjouiront ses yeux et les habitueront aux formes élégantes et gracieuses. Que la femme de cet ouvrier porte des étoffes dessinées par une main habile, l'amour du beau prendra place en son âme et l'initiera à un bonheur qui lui est souvent inconnu. L'art est un grand consolateur : c'est quelquefois le seul que nous ayons; y faire participer le peuple est une des plus nobles missions des temps modernes.

Dans une charmante étude sur les vers à soie, Mme Marie Pape-Carpantier, parlant de la mort de ces insectes après qu'ils ont filé leurs cocons, s'exprime ainsi : « Il existe sur la terre un grand nombre d'hommes obscurs et laborieux dont le ver à soie est la fidèle image. Ces hommes, ce sont les artisans, les ouvriers, les laboureurs qui passent, comme ce précieux insecte, toute leur vie à produire ce qui sert et ce qui charme, ce qui est utile et ce qui est agréable. Ils travaillent au bien-être d'autrui, lorsqu'ils en manquent pour eux-mêmes. Ils nous font des robes de velours, et ils se contentent pour eux de tiretaine et de cotonnade. » Oui, il faut que ceux qui contribuent à la gloire d'une nation soient récompensés par elle ; et si elle ne peut toujours leur donner le bonheur auquel ils ont droit, il faut au moins qu'elle prépare pour l'avenir de quoi faire oublier les maux du présent. C'est d'abord un devoir : il y a plus, c'est une nécessité, car la misère qui pèse sur un certain nombre d'individus est une calamité qui se reflète sur ceux mêmes qui n'en sont point atteints.

PIERRE VINÇARD.

LE PAYS

11 mai 1858.

L'art de fabriquer des étoffes précieuses remonte à une haute antiquité; mais cet art, si rudimentaire dans son principe, rendait ces étoffes plus précieuses encore par le travail qu'elles avaient coûté que par les matières qui y entraient : aussi étaient-elles uniquement fabriquées pour les puissances du monde.

Divers perfectionnements furent apportés à la fabrication des riches étoffes, et tous, on peut le dire, vinrent de la France. On lisait, dans le *Mercure de France* de novembre 1745 : « M. de Vaucanson, si célèbre dans les Mécaniques, vient de mettre au jour une vraie merveille de l'art. C'est une machine avec laquelle un cheval, un bœuf ou un âne font des étoffes bien plus belles et bien plus parfaites que les plus habiles ouvriers en soie. »

A la fin du même article on lisait encore : « L'auteur n'a travaillé que pour faire toutes sortes d'étoffes unies comme le taffetas, le gros de Naples, la serge, le satin, etc. Des productions aussi merveilleuses donnent tout lieu d'espérer qu'il trouvera les moyens de rendre ces nouveaux ouvriers de sa création, également habiles pour la fabrication des étoffes façonnées et de nos plus belles étoffes, même brochées en or et en argent, à quoi l'on dit qu'il travaille actuellement. » Ce qui résulta de ce travail de Vaucanson fut la machine à fabriquer des étoffes façonnées, dont on voit aujourd'hui le modèle au Conservatoire des Arts et Métiers. Elle réalisait un grand progrès, diminuait les peines des tisseurs, et abaissait sensiblement le prix des étoffes précieuses ; mais ce n'était pas tout.

Il fallait que Jacquard, l'ouvrier lyonnais, eût mis la dernière main au métier de Vaucanson pour qu'il devînt d'un usage général dans la fabrique.

Doit-on regarder le procédé de Vaucanson et de Jacquard comme le dernier mot du progrès dans la fabrication des étoffes de luxe ? Ce ne serait pas à désirer, car la lenteur de la fabrication par le métier Jacquard mettra toujours ses produits à un prix qui ne sera accessible qu'à un très-petit nombre de riches.

Il ne s'agit pas de surpasser, ni même d'égaler en qualité, les tissus du métier Jacquard, qui ne s'adressent pas à la masse des hommes : il s'agit d'inventer un procédé capable de reproduire à bas prix et en excellente qualité, les plus beaux ouvrages et les plus riches étoffes sortant du métier Jacquard.

Le problème est résolu : un procédé nouveau est inventé, et, comme toujours, par un Français.

Dans deux séances récentes du cercle de la Presse Scientifique, rue de la Chaussée-d'Antin, 21, nous avons trouvé la salle des réunions garnie de la plus belle collection d'étoffes précieuses qu'on puisse imaginer. Là, c'étaient l'or et l'argent qui se détachaient sur le velours, la soie et la laine ; à côté, c'étaient les mêmes étoffes ornées des dessins les plus riches, et brillant des couleurs les plus vives. Il n'y avait pas jusqu'aux simples étoffes de coton qui n'eussent un aspect splendide.

Il y avait des étoffes pour toutes les destinations : des lamés d'or et d'argent, des étoffes brillantes reproduisant de vastes sujets et ne le cédant ni aux lampas, ni aux brocatelles, à l'usage d'ornements d'église, avec tout ce qu'on peut désirer de plus beau pour l'ameublement des plus riches palais ; des cuirs repoussés à la façon de ceux qu'on fabriquait à Venise au xvie siècle, et représentant des sujets de la Renaissance ; des tapis, des gazes, avec les plus splendides étoffes de soie et de laine pour vêtements.

C'était un coup-d'œil féerique et les yeux étaient éblouis. Lorsqu'on s'informait du prix auquel chacun de ces produits pouvait être vendu, c'était à n'y pas croire. La réduction était considérable sur tous, et quelques-uns de ces articles pouvaient être livrés à 75 p. 100 de rabais !

L'auteur de cette magnifique industrie est M. DESPRÉAUX, de Versailles, qui a dû réunir en lui l'invention du mécanicien à l'art du graveur et à la science du chimiste.

Les machines de M. Despréaux sont simples et ingénieuses, d'un mouvement facile, car un seul homme suffit pour faire marcher l'une d'elles ; des ouvriers parfaitement mis au fait en peu de jours, y sont chargés de la direction des planches et de l'application des couleurs.

Son système de gravure est le seul qui puisse convenir à l'impression des étoffes précieuses, en ce que, par la profondeur donnée aux tailles, les fonds ne peuvent être atteints par le rouleau à couleur. Il résulte de là une netteté parfaite des dessins imprimés et une durée incalculable des planches.

Dans un rapport du 27 décembre 1839, M. Pelouze, membre de l'Académie des sciences et directeur de la Monnaie, s'exprimait ainsi à cet égard : « Tout le monde est d'accord pour admirer la finesse et la beauté des dessins. Le procédé qu'a imaginé M. Despréaux est extrêmement ingénieux et de beaucoup supérieur, sous le point de vue économique, à tout ce qui a été imaginé jusqu'ici, au moins à ma connaissance.»

On sait que l'application des couleurs sur les tissus imprimés n'est pas toujours durable : le premier lessivage qu'ils doivent subir après l'impression détruit en partie la fraîcheur du coloris en même temps que celle de l'étoffe. M. Despréaux a obvié à cet inconvénient en imaginant un procédé de gravure qui évite ce premier lessivage ; puis, au moyen de mordants, il donne toute garantie de durée aux couleurs contre l'action de l'air.

Dans un rapport à la Société d'Encouragement présidée par M. Dumas, M. Bussy, membre de l'Institut et directeur de l'École de Pharmacie, s'exprimait ainsi à cet égard : « Enfin M. Despréaux a imaginé des couleurs également spéciales à son genre de travail : les unes sont compactes, épaisses, adhérentes, et concourent par ces qualités à rendre durables les effets produits sur l'étoffe ; d'autres sont transparentes et communiquent cette propriété aux parties du tissu sur lesquelles on les applique, de telle manière que lorsque l'étoffe est interposée entre l'œil et la lumière, comme cela arrive pour les rideaux et les stores de nos croisées, le dessin est rendu transparent sur le fond qui reste opaque. »

En 1854, une médaille de première classe à l'Exposition universelle d'Amsterdam fut accordée à M. Despréaux. Voici comment M. Demont, chimiste, s'exprimait dans son

rapport sur l'aspect de ces étoffes : « En jetant un coup-d'œil
sur ces étoffes, notre première impression fut que devant
nous se trouvaient étalés les tissus brochés de la plus belle
et de la plus riche exécution. Notre surprise fut grande
quand nous vimes que c'était la production d'une gravure.»
— Le prix désigné par le fabricant nous fit dire spontané-
ment : « Le système Jacquard vient de rencontrer en
M. Despréaux un terrible adversaire : même richesse, mêmes effets, une vivacité dans les couleurs que je crois supé-
rieure à celle des étoffes brochées. Ce n'est pas trop s'avan-
cer en disant que les palais pourront sans crainte s'en voir
ornés. — Nous avons remarqué non-seulement ces riches
étoffes gravées couleur sur couleur, mais après des essais
faits par notre estimable collègue, M. Lainé, teinturier de
la Couronne, nous eûmes la certitude que les couleurs
étaient d'une solidité telle, que les taches de graisse, de
bougie, etc., s'enlevaient très-facilement par les moyens or-
dinaires, ce qui n'avait pas toujours le même résultat sur
les beaux tissus des fabriques lyonnaises. Nous fûmes également émerveillés en jetant les yeux sur d'autres étoffes aussi
gravées, lamées d'or et d'argent, d'une exécution parfaite. »

L'industrie de M. Despréaux, quoique datant déjà de
vingt ans, est une industrie toute neuve. Ce qu'elle a réa-
lisé montre qu'elle peut réaliser bien davantage encore.
Rien ne s'opposerait à ce qu'elle présentât sur les étoffes
tout ce que la peinture donne de nos jours sur le papier de
tenture, dans la fabrication duquel le cylindre étroit est
remplacé par des planches mobiles et non limitées dans leurs
dimensions ; c'est ainsi que sont celles de M. Despréaux.

Ce fut précisément cette faculté de reproduction des plus

beaux et des plus larges motifs de décor sur des étoffes riches et brillantes, qui fit le succès de M. Despréaux auprès des architectes du Louvre, MM. Percier et Fontaine, Visconti et Duban, membres de l'Institut. Enfin, cette industrie, à son état rudimentaire, a déjà été mise en œuvre par plusieurs architectes. En 1846, M. Thumeloup, professeur à l'École centrale, a décoré par ces procédés les palais des comtes Archinto et Confalonieri à Milan. D'autres artistes encore en ont fait usage avec non moins de succès dans les décorations des maisons particulières. En résumé, après vingt ans d'efforts et de sacrifices, M. Despréaux a obtenu pour résultats :

1° La reproduction sur cuirs et maroquins des plus riches tentures vénitiennes, sculptées et dorées, qui se fabriquaient au XVIᵉ siècle ;

2° L'application des dessins les plus délicats sur des velours de coton uni, ce qui les rend aptes à entrer dans les riches ameublements, la carrosserie, etc.;

3° La confection de tapis de pied, tapis de table, de tentures d'appartements, d'articles de vêtements en laine ;

4° Sur tissus légers, l'impression de robes de femmes, dans tous les genres, rideaux, transparents, etc.;

5° L'imitation sur toutes étoffes de soie des plus beaux effets du broché, par des procédés cent fois plus rapides que le métier à la Jacquard ;

6° La reproduction sur les étoffes lamées d'or et d'argent des ornements d'église les plus riches, des tentures les plus brillantes.

Le tout pour être vendu à un bas prix étonnant.

M. Demont, dans le rapport dont nous avons déjà parlé, dit que si M. Despréaux est arrivé à un si beau résultat, c'est à sa patience, à sa persévérance et à de longues veilles qu'il le doit. Habile graveur, il finit par donner aux rouleaux en cuivre cette gravure calculée qui donne aux étoffes ces effets de broché. Il a vieilli au milieu de ces essais, au milieu de ces études. Si l'on était au beau temps de la féerie, on pourrait croire qu'à la naissance de notre inventeur, un génie bienfaisant lui fit don d'imagination, de patience et de courage ; il oublia, hélas! le don le plus important dans toute entreprise : la fortune, qui malheureusement lui tourna le dos.

M. Albert Lenoir, architecte du gouvernement et professeur à l'École des Beaux-Arts, a fait, de son côté, un mémoire sur les produits de M. Despréaux, mémoire adressé au Ministre du Commerce, de l'Agriculture et des Travaux publics. On lit à la fin de ce mémoire :

« M. Despréaux, en établissant une fabrique munie de machines et du matériel nécessaire à l'exploitation de son industrie, a vu sa fortune absorbée. Son isolement contre un antagonisme puissant ne lui a pas permis de la reconstituer par l'écoulement de ses produits. Accablé sous des charges sans cesse renouvelées, il est prêt à succomber, s'il reste en France, ou à priver son pays de ce que sa belle industrie lui promettait, en se réfugiant en Angleterre, où des offres lui ont été faites...

» Posé comme Jacquard, qui ne possédait plus au monde que la machine qui devait enrichir la France, M. Despréaux ne pourrait-il pas, ainsi que lui, obtenir du pays une pension lui permettant d'attendre, et peut-être d'attirer le capital vers des travaux utiles, véritable source de la prospérité publique? »   COUTURIER.

JOURNAL DES DÉBATS

10 décembre 1858.

Veut-on me permettre d'appeler un instant l'attention sur un objet tout technique d'invention industrielle? — C'est peu d'usage en ce journal, qui d'habitude laisse les inventeurs et les inventions se produire dans le monde sous leur propre responsabilité et par la voie spéciale des annonces. Mais dans le cas particulier, exceptionnel, on va le voir, dont nous désirons nous occuper, il ne s'agit nullement de l'une de ces inventions encore hypothétiques qui, toutes fraîches écloses, ont leurs preuves à faire devant le public. Ici, la science a vu, examiné, prononcé, et très-favorablement : on en jugera plus loin ; il y a eu, il y a tous les jours, application, résultat pratique. De plus, et c'est là surtout ce qui me pousse à prendre la parole en cette occasion, il s'agit de perfectionnements qui ouvrent, nous en sommes convaincus, une ère nouvelle à plusieurs branches importantes de notre industrie manufacturière; il s'agit d'un intérêt considérable, par la suite, pour l'avenir de nos transactions extérieures... Mais à quoi bon ce préambule? Exposons les faits, cela dira infiniment mieux notre pensée.

Un honorable ingénieur civil, chimiste et graveur réputé d'ailleurs, M. Despréaux, de Versailles, a été de bonne heure vivement frappé de l'idée, mise en pratique déjà. il

y a soixante ans, avec un éclatant succès, et toutefois in-
complétement par l'illustre Jacquard, celle de faire péné-
trer l'art dans l'industrie. — Et sur ce point d'abord expli-
quons-nous bien. Il ne s'agit pas ici de confondre l'industrie avec l'art, d'introduire et de préconiser ce qu'on peut
appeler l'industrialisme dans l'art : Dieu nous en garde,
comme de tendance trop prononcée de notre industrialisme
en littérature ! L'industrie et l'art sont choses essentielle-
ment différentes et d'ordres très-divers : l'art, c'est le génie,
l'inspiration ; l'industrie, c'est l'exécution, c'est l'agent ; et,
pour prendre un exemple, jamais le procédé mécanique de
la photographie, si merveilleux qu'il soit dans ses résultats,
ne sera, à proprement parler, de l'art, du dessin, pas plus
que l'imprimerie n'est la pensée qui a écrit le livre. Mais si
l'art et l'industrie diffèrent complètement dans leur essence,
il n'en est pas moins vrai que le premier, en s'appliquant
à la seconde, l'embellit, l'ennoblit, l'élève jusqu'à un certain point à son niveau idéal, et c'est vraiment bien mé-
riter de l'art lui-même que de développer et perfectionner
le goût public, en imprimant de plus en plus aux œuvres
matérielles de l'industrie, le cachet du beau, le sentiment
épuré du bon goût et de l'art. Tel a été le but, nous le ré-
pétons, de M. Despréaux. Il s'est proposé, en créant un
nouveau système de fabrication, de fournir au commerce,
à prix modérés, ce que l'art peut produire de plus beau en
étoffes et en décoration ; de parvenir à égaler, pour le
profit ; non pas de quelques privilégiés de la fortune, mais
des plus modestes existences, ces tissus et tentures magnifiques qui, au siècle de la Renaissance, faisaient l'ornement, l'éclat et la splendeur des palais de Florence, de

Venise ou de nos souverains. Les résultats, en un mot, de ses procédés, peuvent se résumer ainsi :

Substitution au système Jacquard d'un mode de travail beaucoup plus rapide et plus économique ;

Inaltérabilité, jusqu'ici cherchée, mais non obtenue, des impressions sur tissus ;

Baisse considérable, par suite, du prix des étoffes les plus coûteuses et les plus recherchées.

Voilà la fin, le but. Voici maintenant les moyens. Ils consistent dans trois inventions qui se coordonnent entre elles et s'appliquent, non-seulement à la fabrication et à la coloration des tissus de toute sorte, mais encore à celle des velours gravés, à la sculpture des cuirs, etc. Ces inventions consistent :

1° En un système de planches à graver qui, sous le rapport de la perfection et de l'économie, est, pour nous servir des termes du rapport de M. Albert Lenoir à la Société d'Encouragement pour l'Industrie Nationale, « supérieur à tout ce qui a été imaginé jusqu'ici ; »

2° En une machine à mouvement continu, à gravure sans fin « d'une rapidité fabuleuse (nous continuons de citer), ne laissant rien à faire à l'intelligence de l'ouvrier, ni rien à désirer sous le rapport de la perfection du travail : »

3° Dans de nouveaux procédés de coloration remarquables par « la franchise et la beauté des teintes, comme par leurs propriétés conservatrices, qui rendent inaltérables les nuances mêmes du fond avec lequel elles sont en contact. »

Voilà bien des merveilles, dira-t-on peut-être, et c'est beaucoup promettre ! — C'est vrai ; mais, qu'on veuille bien le croire, ce n'est pas ici notre très-faible compétence qui parle : outre le rapport dont nous venons d'extraire quelques mots d'appréciation, nous avons sous les yeux les opinions hautement exprimées d'importantes notabilités scientifiques, de noms tels que ceux des Pelouze et Bussy, de l'Académie des sciences ; des Percier, Fontaine, Visconti, Duban, Thumeloup, etc. Essayons d'en résumer les principales conclusions.

Ce n'est pas ici le lieu d'entrer dans un détail descriptif des procédés dus à M. Despréaux ; mais ce que nous pouvons dire, c'est que son système de gravure, entièrement neuf, introduit réellement le fini de l'art dans la fabrication des objets les plus délicats, les plus compliqués. Aux anciens cylindres gravés, qui, entre autres inconvénients, ont celui d'être d'un prix fort élevé, il substitue des planches mobiles peu coûteuses, à tailles profondes et de durée indéfinie, produisant des empreintes d'une admirable netteté, et donnant à l'étoffe l'apparence du broché, avec un fini et un éclat que n'atteint pas le broché lui-même. « Tout le monde, dit M. Pelouze dans son rapport, est unanime pour admirer la beauté et la finesse des dessins, et le procédé de gravure de M. Despréaux est extrêmement ingénieux. » Quant à sa machine, il suffit (et l'inventeur ouvre à tout visiteur ses ateliers de Versailles) de la voir fonctionner pour comprendre combien en est ingénieux aussi le système, qui pourtant est d'une surprenante simplicité : un seul ouvrier peut la faire fonctionner et se rendre familières en peu de jours la direction des planches comme l'application des couleurs. Point important, elle fait vite, en même temps qu'elle fait bien : avec le métier Jacquard, qui, à son époque, fut un si remarquable perfectionnement, l'ouvrier en broché perd un temps énorme à disposer son métier pour chaque nouveau dessin, et arrive à faire environ 2 mètres par jour. La machine Despréaux, dans le même temps, produit de 80 à 100 mètres, et réalise une économie de près de moitié sur la matière première.

« Quand l'on pense, dit à ce sujet M. Albert Lenoir, professeur à l'École des Beaux-Arts, que le velours, la soie, le coton, la laine, les gazes même, obtiennent ainsi une richesse, une beauté dont on peut difficilement se faire une idée, on en est d'autant plus surpris que leur prix est des plus modestes, incroyable même, si on le compare à celui des produits du système Jacquard. C'est facile à comprendre pourtant, puisque mon collègue, M. Thumeloup, et moi, nous avons vu la machine de M. Despréaux imprimer 100 mètres par jour avec l'aide de trois ouvriers. Que serait-ce donc si l'industrie et ses ressources avaient un pareil auxiliaire ! »

Parlerons-nous des procédés de coloration ? Ici, c'est un homme éminent aussi dans la science, M. Bussy, directeur de l'École de Chimie, dont nous citerons les paroles. On lit dans son rapport à la Société d'Encouragement : « M. Despréaux a imaginé des couleurs toutes spéciales à son genre de travail ; les unes sont compactes, épaisses, adhérentes, et concourent, par ces qualités, à rendre durables les effets produits sur l'étoffe ; d'autres sont transparentes et communiquent cette propriété aux parties du tissu sur lesquelles on les applique, de telle manière que, lorsque l'étoffe est interposée entre l'œil et la lumière (comme pour les stores, les rideaux), le dessin est rendu transparent sur

le fond qui reste opaque. » Appréciant en outre l'ensemble
des inventions de M. Despréaux, M. Bussy dit encore :
« Elles sont appelées à donner une valeur importante aux
velours de coton et à augmenter beaucoup la consommation
et les débouchés de ce produit, l'une des branches les plus
considérables de la fabrique d'Amiens. » Enfin, à cet hom-
mage rendu aux procédés de l'inventeur, ajoutons ce qu'en
disait M. Demont, chimiste, rapporteur de la commission
chargée d'examiner les étoffes présentées par M. Despréaux : « Le système Jacquard vient de rencontrer en cet
inventeur un terrible adversaire : même richesse, même
effet, et une vivacité dans les couleurs que je crois supé-
rieure à celle des étoffes brochées, ce n'est pas trop s'a-
vancer de dire que les palais pourront désirer de s'en voir
ornés. »

Et maintenant, si l'on considère que la machine de
M. Despréaux, qui convertit les soieries et les satins unis
en damas, en lampas, en brocatelles, peut reproduire les
mêmes dessins sur les velours, les cuirs et les maroquins,
sur les étoffes de laine et de coton, les draps, les feutres, les
mousselines, on en conclura, avec un très-bon juge en matière de travail industriel. M. Castillon d'Aspet, à qui l'on
doit d'excellents articles sur ce sujet, que toute application
susceptible d'admettre des ornements sur une étoffe quelconque, entrera dans cette industrie ; on en conclura, avec
les hommes éminents dont nous avons cité les témoignages,
avec la Société d'Encouragement pour l'Industrie Nationale, qui a décerné la médaille de première classe à M. Despréaux, que les procédés dus à cet inventeur sont toute une
révolution dans l'industrie

Et cette révolution, qu'on y songe bien, ne saurait manquer de devenir une source féconde de richesses pour la France manufacturière, car elle a pour résultat final l'introduction, ou du moins l'application illimitée de *l'art dans l'industrie*. Or, c'est, on le sait, par l'art, expression du goût, par le choix de la perfection des dessins, que brillent nos principaux produits : c'est à l'art qu'ils doivent l'inimitable cachet qui fait leur succès et qui a jusqu'ici assuré leur prédominance sur les marchés étrangers. Et comme il n'est que trop évident que de toutes parts l'imitation les poursuit et les presse pour se substituer à eux, comme il est vrai encore que nos concurrents font chaque jour, dans le domaine du goût, du dessin, de l'ornement d'incontestables progrès, il faut bien, sous peine de déchéance, que nous haussions nous-mêmes notre industrie, par le perfectionnement artistique comme par le bon marché à un niveau supérieur. Les Anglais, en manufacture, sont puissants surtout par la *quantité* ; tout en visant à les égaler sur ce point, ne perdons pas de vue que notre puissance, à nous, est surtout dans la *qualité*. Il faut, en un mot, il faut absolument que nous demeurions les premiers et les maîtres dans la science et dans l'industrie appliquée à l'art. Nous croyons que les nouveaux procédés introduits par M. Despréaux dans la science industrielle, y contribueront puissamment, et nous pensons qu'à ce titre la manufacture, et aussi l'administration, autant qu'il peut dépendre d'elle, ont grand intérêt à en encourager l'emploi et la propagation.

CHEMIN-DUPONTÈS.

LA PRESSE

Décembre 1858.

S'il est une ville en France qui ait réellement besoin
d'appeler à elle les inventeurs, d'applaudir fermement à
leurs découvertes, et de donner droit de cité à l'exploitation
de leurs œuvres, c'est assurément la ville de Versailles. Le
temps n'est plus où sa population aristocratique répondait
suffisamment aux besoins de sa population commerçante et
laborieuse. La première n'y possède maintenant que de vastes immeubles, sombres et hermétiquement clos, comme
s'ils voulaient porter éternellement le deuil du passé ; la
seconde s'y trouve trop à son aise, le grand air, l'ennui et
l'isolement pourraient la tuer. Ce qui manque aujourd'hui
à cette ville grande et spacieuse, c'est le travail productif,
qui transformerait en peu de temps ses mœurs et ses habi-
tudes.

Ces réflexions nous sont suggérées par une excellente dé-
cision que vient de rendre le conseil municipal de Versailles. Il a voté la somme nécessaire pour l'ouverture d'une
exposition des découvertes faites par un modeste habitant
de la ville, M. A. Despréaux, qui a consacré toute sa vie et
toute sa fortune à la recherche d'un nouveau système de
tissage, d'impression et de coloration des étoffes, et qui a
été assez habile pour le trouver. Ce fait va occasionner une

révolution dans cette branche importante du commerce français. C'est l'art, introduit par un procédé heureux, dans un métier où la concurrence est déjà solide et nombreuse. C'est par conséquent l'intelligence apportant son secours, ses lumières et sa puissance au travail manuel, et triplant ainsi le mérite et le prix de sa production.

Jusqu'ici, il faut bien l'avouer, l'Angleterre a fait tout son possible pour acquérir la supériorité dans la fabrication des étoffes. Elle nous a enlevé d'habiles ouvriers ; aussi est-il opportun d'attacher ceux-ci au sol par tous les moyens possibles. M. Despréaux l'a compris ; il a longtemps travaillé et lutté ; l'heure est venue où, grâce à l'initiative du maire et du conseil municipal de Versailles, chacun va pouvoir admirer l'œuvre du patient et infatigable chercheur, qui a déjà reçu les marques de sympathie de M. le Ministre des Travaux publics, et de MM. Dumas, Pelouze, Bussy, Visconti, Duban, Thumeloup, Galbaccio, Alexandre et Albert Lenoir, du comte de Laborde, etc., dont les noms font autorité dans les sciences.

L'exposition de Versailles contiendra les merveilleuses choses obtenues par M. Despréaux, grâce à son procédé : ces cuirs vénitiens sculptés et dorés du XVIe siècle, qu'il a fait revivre par son art ; ces velours, ces cotons, ces tapis gravés, ces admirables tentures lamées d'or et d'argent, qui rivalisent avec les plus remarquables produits de l'industrie lyonnaise. Nous pouvons dès à présent y donner rendez-vous à tous ceux qui s'intéressent au progrès que font les sciences industrielles.

J. LYON.

JOURNAL DE VERSAILLES

24 novembre 1859.

Il existe à Versailles un homme qui a dépensé trente ans
de sa vie et toute sa fortune pour arriver au perfectionnement de trois inventions, de nature à produire la plus
complète et la plus salutaire révolution dans l'industrie des
étoffes de velours, soie, laine et coton. Ces trois inventions
sont : 1º un système de gravure expéditif et économique,
supérieur à tout ce qui a été imaginé jusqu'à ce jour ; 2º une
machine à mouvement continu, d'une rapidité prodigieuse,
ne laissant rien à faire à l'intelligence de l'ouvrier ; 3º l'application de nouveaux procédés de coloration, dont les
moindres propriétés sont de rendre inaltérables les nuances
mêmes du fond avec lequel elles sont en contact. La gravure
est telle, d'après ces inventions, que les étoffes, par le re-
lief et le coloris, ont tout l'effet du broché, et que les dessins les plus beaux et les plus variés peuvent être obtenus
avec une surprenante facilité. Il résulte enfin des nouveaux
procédés une baisse considérable dans le prix des étoffes
ainsi préparées et une économie énorme de temps : deux
avantages qui profiteraient aux ouvriers comme au public.
Car la machine si belle et si ingénieuse du célèbre Jacquard,
ayant le grave inconvénient de marcher avec une lenteur

extrême, le tisseur gagne fort peu dans un jour. Là est le secret de la misère des ouvriers de Lyon, si habiles pourtant.

L'inventeur multiple de la grande chose qui nous occupe, M. Despréaux, que Versailles doit être fier de nommer, est, au même degré de distinction, mécanicien, chimiste et artiste; voilà donc trois supériorités véritables; voilà surtout trois moyens de ruine incontestable. M. Despréaux en est un dernier et très-éminent exemple. Quand on veut bien songer à tout ce qu'il faut d'années, de frais en tous genres, de veilles, de tâtonnements, d'expériences souvent infructueuses, pour amener à leur point de perfection les procédés nouveaux de la science et de l'industrie, on ne s'étonne pas qu'une fortune et une vie tout entière y soient cruellement dépensées. On ne s'étonne pas non plus que toutes les hautes facultés d'un inventeur aient été absorbées par l'invention même, et qu'il ne lui reste plus de force ni d'aptitude pour les intérêts matériels et la mise en pratique de ses propres découvertes. Telle est encore la position de M. Despréaux. Les inventeurs d'un ordre élevé doivent donc inspirer autant de commisération que d'admiration, hélas! et ils n'obtiennent d'ordinaire, de leur vivant, que l'oubli, quand ce n'est pas la proscription. Ceux qui doteront, un jour, leur siècle et leur pays d'une gloire ou d'une richesse impérissable, meurent en général dans l'abandon et la misère, ou victimes de jalouses et aveugles spéculations routinières. On dirait que c'est une loi fatale, et que le génie n'est donné qu'à la condition du malheur. Pour nous tenir ici dans la catégorie des inventeurs savants et industriels, — car si nous abordions les inventeurs poètes, nous n'en finirions plus, — voyez, en

France seulement, Salomon de Caus, Fulton, Sauvage,
Jacquard, et en dernier lieu Philippe de Girard, l'inventeur de la filature mécanique du lin, qui avait mérité le
prix d'un million fondé par Napoléon Iᵉʳ, et qui a été obligé
de s'expatrier par l'ingratitude des gouvernements français,
et n'est rentré parmi nous que pour y mourir, sans même
avoir obtenu la croix de la Légion d'honneur!... Les grands
hommes ne sont que trop souvent les remords d'une nation!
L'empereur Napoléon III vient de faire élever dans la ville
industrielle de Lille, une statue à la mémoire de Girard, et
une dotation nationale a été décernée à sa noble et dévouée
famille... Mais ne pourra-t-on jamais couronner que des
cadavres illustres? Espérons que le progrès en toutes
choses se fera bientôt également sentir dans la conduite
des peuples envers les utiles inventeurs.

Ceci nous ramène tout naturellement à M. Despréaux.
Une aurore bienfaisante paraît se lever pour lui. L'autorité
municipale de Versailles vient d'ouvrir généreusement à
l'Exposition de ses produits la grande galerie de notre
Hôtel de Ville, et cette exposition, annoncée par tous les
journaux de Paris, attirera nécessairement une grande af-
fluence de curieux, et surtout l'attention des hommes les
plus éclairés et les plus compétents. Nous avons examiné en
détail tous les produits exposés. M. Despréaux ne présente
actuellement à nos regards que les soies gravées et les cuirs
repoussés. Plus tard il exposera ses velours, ses tapis, ses
cotons imprimés. Mais dans ce que nous voyons, nous de-
vinons tout ce que nous ne voyons pas: et nous pouvons
dire que pour les tentures, ameublements de toutes sortes,
ainsi que pour les ornements d'église, on trouve là tout ce

que peuvent désirer le goût le plus épuré et la fantaisie la
plus recherchée. Que personne cependant ne perde de vue,
en examinant ces beaux échantillons, que l'avantage ra-
dical des procédés de M. Despréaux, est dans la diminution
considérable des prix et dans la miraculeuse économie du
temps. En effet, le métier Jacquard confectionne de 1 à 2
mètres par jour, et la machine Despréaux confectionne,
dans le même temps, de 80 à 100 mètres : et il réalise encore une économie de près de moitié sur la matière première, laquelle, par le métier Jacquard, se trouve en partie
perdue. Un bénéfice inappréciable, c'est aussi la multi-
plicité infinie des dessins et leur perfection, qui sont un
des résultats du procédé de M. Despréaux. Excellent artiste
lui-même, il appellerait le concours d'un nombre considérable d'artistes à qui reviendrait l'honneur et les profits de
l'introduction de l'art dans les étoffes. C'est ainsi que les
magnifiques peintures de la Renaissance pourraient être
facilement reproduites et vulgariser le sentiment des belles
choses d'art ; et que, d'un autre côté, les étoffes de toutes
natures, auxquelles s'applique le nouveau système, seraient
abordables, par leur bon marché, à toutes les classes, et
pour les différents usages. C'est véritablement le ruolz
appliqué aux tissus, comme on l'a si bien remarqué
ailleurs.

Tout ce que nous venons de dire, nous ne faisons, fort
heureusement, que le répéter, d'après les voix les plus en
honneur dans les arts, les sciences et l'industrie. Notre
voix, qui ne serait rien par elle-même, prend une grande
valeur comme écho fidèle des paroles et des écrits de
MM. Pelouze, Masson, Fontaine, Duban, Visconti, Alexandre

et Albert Lenoir, Bussy, Thumeloup, etc. M. Albert Lenoir,
entre autres, a rédigé des rapports excellents et convain-
quants sur les inventions de M. Despréaux, qu'il n'a pas
cessé de soutenir et d'encourager par son amitié généreuse
et dévouée et par l'autorité de son nom. Nous savons également que les rédacteurs les plus éminents des grands
journaux de Paris vont prendre la parole sur l'Exposition
versaillaise, et nous nous hâtons, pour avoir du moins le prix
de la course sur eux. Quand ils auront parlé, la question sera
vidée, et nous ne doutons pas qu'alors le gouvernement,
édifié comme il doit l'être en toutes matières, n'avise aux
moyens de propager une œuvre qui rapporterait à la France
d'énormes bénéfices, comme aussi de soutenir et d'hono-
rer, tandis qu'il vit, un inventeur dont le nom ne périra
pas. Mais ce que nous pouvons exprimer de nous-même,
c'est le vœu que la ville de Versailles persiste de plus en
plus dans la route qu'elle vient de s'ouvrir ; c'est le bonheur que nous aurons à voir ses autorités, si éclairées et si
dévouées au bien public, accepter ardemment la solidarité
de la savante imagination de M. Despréaux, qui veut faire
de Versailles le centre d'une industrie nouvelle et féconde
en admirables résultats artistiques et commerciaux, comme
en bénéfices sans exemple pour les classes ouvrières.

ÉMILE DESCHAMPS.

Pour ne pas augmenter le volume de cette brochure, on a dû éviter la
reproduction *in extenso* des rapports de MM. Pelouze, Masson, Fontaine, Duban, Visconti, Alexandre Lenoir, Bussy, Thumeloup, etc., dont
les noms éminents sont mentionnés dans l'article extrait du *Journal de
Versailles* et signé par M. Émile Deschamps.

L'OPINION NATIONALE

24 juin 1860.

... Ces étoffes de brocart, qu'on croirait tout en soie, brodées d'or ou d'argent, semées de paillettes ou de perles, présentent tantôt l'éclat et la splendeur de ces deux métaux précieux, et tantôt peuvent, à la volonté de leur inventeur, M. A. Despréaux, ingénieur civil, offrir l'aspect de l'acier, du bronze, ou celui de la soie brochée de diverses nuances.

Des dessins très-variés, imités des tentures du moyen âge ou de toute autre époque, donnent à ces productions un cachet de richesse et de grandiose, qui d'abord fait croire à une valeur considérable, qu'une fortune royale ou princière peut seule aborder.

L'admiration, avouons-le, perd beaucoup devant ce somptueux étalage qui ne paraît fait que pour le plus petit nombre ; mais l'esprit revient vite du découragement, lorsque, après information prise, on acquiert la certitude que toutes ces magnificences peuvent devenir l'ornement des habitations de gens à fortune même modeste.

Ce tour de force résulte de diverses conditions de fabrication dans lesquelles s'est placé l'inventeur.

Nous n'entrerons pas dans leurs détails, ce qui importe peu à nos lecteurs ; mais nous leur donnerons les motifs du très-bon marché relatif de ces étoffes, comparé au prix qu'elles coûteraient à Lyon.

1° Lorsque l'étoffe est en soie, l'extérieur seul est formé de ce produit qui tend à devenir de plus en plus rare.

2° Lorsqu'elle est brodée en or ou en argent, la broderie n'est que simulée par un gaufrage et un artifice particulier.

3° Il en est de même pour les étoffes lamées ou pailletées.

4° Les machines inventées par l'auteur sont simples dans leur composition, peu coûteuses et très-expéditives dans leur production.

M. Despréaux peut fabriquer cent mètres par jour de telle étoffe riche en soie brodée, qu'un fabricant de Lyon ne pourrait produire que par mètre pendant le même temps.

Toutes ces modifications apportent, comme on le voit, une grande diminution de main-d'œuvre et, par conséquent, un grand abaissement dans les prix. abaissement qui peut aller, dans certains cas, jusqu'à 75 p. 0/0.

A tous les points de vue, cette invention, qui a eu tant de peine à se produire au grand jour et à se présenter à l'état d'industrie nouvelle, doit être accueillie favorablement par les amis des arts, du progrès et des classes laborieuses.

Les artistes et les ouvriers déplorent trop souvent les temps d'arrêt et de chômage : il faut une fabrication courante qui assure à tous de l'ouvrage.

Lyon aurait tort de craindre cette concurrence ; sa fabrication ne suffit pas à ses métiers et aux nombreux ouvriers qu'elle emploie quelques mois seulement dans l'année. Ceux-ci trouveront dans la nouvelle invention de M. Despréaux un travail continuel, et les artistes, dessinateurs, peintres ou graveurs, pourront donner un libre cours à leurs inspirations. Il faut, pour ne pas nous laisser dépasser par la concurrence étrangère, donner toujours un nouvel aliment à la fièvre du progrès qui s'est développée pendant la deuxième moitié du XIXe siècle.

P. TAVERNIER (de la Nièvre).

EXTRAIT

DU RAPPORT D'UNE COMMISSION DES ARTS ET MÉTIERS

SÉANT A L'HÔTEL-DE-VILLE

Fait par M. Demont sur les Étoffes de M. Despréaux.

———

Monsieur,

Une commission fut désignée par vous pour examiner les étoffes présentées par M. Despréaux, de Versailles.

Cette commission était composée de MM. Lainé, teinturier de la Couronne; Franck de Préaumont, essayeur du commerce, et Demont, chimiste.

Je viens, au nom de mes collègues, vous en faire le rapport. En jetant un coup d'œil sur ces étoffes, notre première impression fut que devant nous se trouvaient étalés des tissus brochés de la plus belle, de la plus riche exécution.

Notre surprise fut grande quand nous vîmes que c'était la production d'une gravure. . . . .

Nous avons remarqué ces riches étoffes gravées couleur sur couleur. . . . .

Nous fûmes également émerveillés en jetant les yeux sur d'autres étoffes aussi gravées, lamées d'or et d'argent, d'une exécution parfaite.. . . . .

Si M. Despréaux est arrivé à un si beau résultat, c'est à

sa patience, à sa persévérance et à de longues veilles qu'il le doit. . . . .

Nous, dont la mission est d'encourager les arts. nous lui tendrons une main amie, nous le récompenserons selon son mérite. . . . .

Pour les motifs mentionnés ci-dessus, votre commission, après mûr examen, pense être dans la justice, en vous désignant la médaille d'or comme devant être décernée à M. Despréaux.

Elle pense ainsi être dans le vrai, et vous l'approuverez vous-mêmes, quand je vous aurai dit que la Société d'encouragement, notre digne émule, lui a décerné une médaille de 1re classe.

Signé : DEMONT.

VERSAILLES. — IMPRIMERIE CERF, RUE DU PLESSIS, 59.

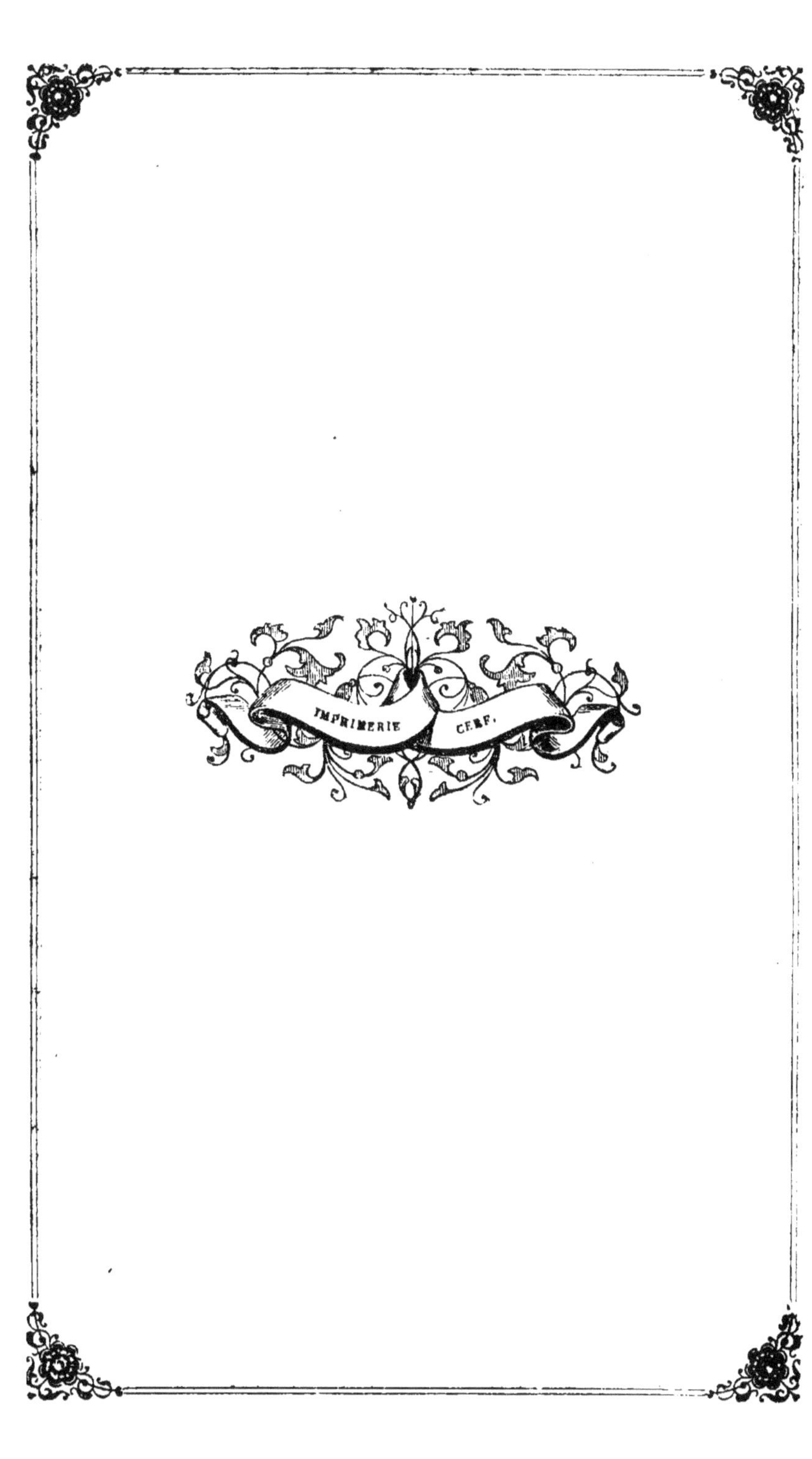